ediciones carena

KAFKA:

LA DISIDENCIA DEL PIEL ROJA

PEDRO ANTONIO CURTO

Primera edición: diciembre de 2025

© Pedro Antonio Curto, 2025
© Ediciones Carena, 2025

Edita: Ediciones Carena (Barcelona)
Diseño, realización y coordinación: Ediciones Carena
Calle L'Equador 39-45, Plt. Bj. Loc. 6, 08029 Barcelona
(Imagine Content, S. L.)
WWW.EDICIONESCARENA.COM
info@edicionescarena.com

Diseño de la maquetación y portada: Sofía Cabrera
Imagen de portada: Composición a partir de AdobeStock_781140861

Coordinación: Gabriel García Moreno

Depósito legal: B 5988-2025
ISBN: 979-13-87623-27-2

Impreso en España - Printed in Spain

ÍNDICE

INTRODUCCIÓN

Las dificultades en la terminación de un ensayo, por pequeño que sea, no se deben a que nuestro sentimiento exige para el final de la obra un fuego, que el auténtico no ha sido capaz de producir hasta ahora, sino que más bien nacen de que incluso el más pequeño trabajo del autor exige en sí mismo una autosatisfacción y un abandono a sí mismo, a partir del cual resulta difícil salir al aire del día sin una fuerte decisión y un aliciente externo, de forma que antes de que el trabajo quede finalizado, uno huye llevado por la intranquilidad, de forma que el final ha de ser acabado prácticamente desde fuera y con las manos, que no solo trabajan, sino que también han de agarrarse.

Franz Kafka. *Diarios*, 29-12-1911

Hablar de un autor del que se ha escrito tanto y del que se sigue escribiendo es por un lado complejo y difícil, pues cuando se ha profundizado en todo tipo de temas que el autor abordó y hasta los que no abordó, como los mínimos aspectos que han sido parte de su vida. Desde lo literario, lo intelectual, lo social, lo histórico y hasta lo jurídico, cartas y diarios o su vida íntima, existen cientos de biografías y ensayos, tesis doctorales, miles de artículos y hasta cosas parecidas a la autoayuda. Parece que sabemos más de un personaje muerto hace cien años que de personas que tenemos a nuestro lado. Así se llega a producir que la literatura termina por tener una trascendencia tal que hasta los que nunca han leído a Kafka, y hasta quienes lo desconocen, terminan por utilizar un término con un concepto amplio y ambiguo: lo «kafkiano». Lo cual tiene una parte positiva y otra parte terrible.

En la parte positiva está que ese paseante de Praga que era el Dr. Franz Kafka, ciudadano más bien solitario que discurrió por el siglo xx con la discreción de un funcionario gris, con más pena que gloria, fue un escritor poco conocido en vida y ha terminado por marcar una influencia en esa sociedad que le ignoró en su tiempo. En alguna parte uno podrá imaginarse a Kafka riéndose a mandíbula batiente, una carcajada que algunos biógrafos señalan que el escritor estallaba, en ocasiones sin venir a cuento. Pero la risa podría acabar en lágrimas si comprobase que, en muchos aspectos, lo kafkiano se ha convertido en una especie de *atrapalotodo* que poco tiene que ver con la obra «kafkiana».

Por eso escribir sobre Kafka es un desafío, al mismo tiempo que te produce una especie de pudor, un miedo de abordar a quien Sartre definió como el que: «está fuera de nuestro alcance. Su universo es a la vez fantástico y rigurosamente auténtico». Pero Kafka también provoca la necesidad de introducirse en ese mundo, el kafkiano, que termina convirtiéndose en una especie de adicción. Y lo curioso es que quien penetra en la obra kafkiana, tiene la sensación de haber aterrizado en un laberinto del que se hace imposible salir. Su obra no sería considerada muy extensa si no fuese porque se considera parte de ella las cartas, en especial *Carta al padre,* así como las *Cartas a Felice* y *Milena,* entre otras, así como sus heterodoxos diarios. Es lo que tienen los grandes autores, que no se agotan, que siguen creciendo como si se hubiesen acabado de publicar por primera vez, que en cada texto encuentras algo nuevo y diferente. Porque la literatura kafkina no solo tiene la inmortalidad que poseen las grandes obras, sino algo que podría considerarse en principio negativo, pero que en el terreno de la k le dota de un carácter seductor. Si se ha entronizado al creador de Gregor Sansa como el escritor del siglo XX, tal y como llevamos este inicio del XXI, está haciendo oposiciones para seguir manteniendo ese trono. Porque en más de una ocasión, el mundo parece empeñado en imitar lo que Kafka escribió.

Este pequeño ensayo, o lo que sea, es más que nada la tentativa de un viaje que parte de un viaje físico cuando nos adentrábamos en lo que se ha llamado el *Año Kafka*, el centenario de su muerte, y explorar los territorios contenidos en la literatura. Una exploración que siempre será un fracaso, o una tentativa incompleta, porque aun con brújula y hasta GPS, no se llega a ninguna parte, se dedica a una navegación diletante, un llegar a un no-lugar, pues algo de eso tiene la obra kafkiana, un no-lugar que está en todas partes, que es como las capas de una cebolla, que, partida en varios trozos, ofreciese una y otra vez nuevas capas que llenasen de lágrimas nuestros ojos. Y esa tentativa inacabada ha sido tan aditiva, que posiblemente continuará más allá del Año Kafka, aunque habría que preguntarse qué año no es el «año Kafka».

LA DISIDENCIA DEL PIEL ROJA

«Si uno pudiera ser un piel roja siempre alerta, cabalgando sobre un caballo...».

Ser indio, pirata, brujo, guerrillero... rebelde siempre, como hemos sido, como somos, aunque tú, Franz, te escondieses en tu tiempo bajo el traje del Dr. Franz Kafka. Así cabalgamos a lomos de un caballo, entre los perdedores y vencidos, de los siempre humillados, entre los habitantes de la duda, en tu época, en la mía, en las que vendrán, como dice el tango «Cambalache»: el mundo ha sido y será una porquería...

«...estremecido una y otra vez sobre la tierra temblorosa hasta dejar las espuelas, porque no hacen falta espuelas...».

Sin orden establecido y en un mundo extraño a las jerarquías, aunque disimulado bajo el traje de funcionario doctor.

«...hasta arrojar las riendas, porque no hacen falta riendas, sin apenas ver la tierra por delante como pradera de hierba segada...».

Seguir adelante siempre, sentir el viento sobre el rostro, avanzar por senderos que se abren a nuestro paso y poder partir a los mares del Sur...

«...ya sin las crines del caballo, sin la cabeza del caballo».

Porque al final, el caballo, será literatura, su marcha será narración literaria.

«Aún hoy, cada madrugada, a las cinco, Franz Kafka vuelve a su casa de la calle Celetná (Zeltmergasse), con su traje negro y su bombín».

Angelo Maria Ripellino, *Praga Mágica*.

ANTE LA TUMBA DE KAFKA

La distancia entre el centro de Praga y el Nuevo Cementerio Judío es corta, o al menos así me lo parece. Cogiendo un metro desde una estación en la parte vieja de la ciudad se llega en diez o quince minutos. Soy un pasajero más entre la multitud, pero un pasajero analfabeto en el idioma de las gentes que me rodean, incluyendo la voz que sale por los altavoces, aunque, sin entender lo que dice, puedo identificarla como esas voces despersonalizadas y mecánicas que suenan semejantes en todos los idiomas.

Con el nombre de la estación en la que debo bajarme apuntado en un papel —es el lenguaje escrito quien me sirve como guía—, me coloco frente al indicador que va marcando las diferentes estaciones, hasta que llegue la mía, cuyo nombre soy incapaz de pronunciar. Cuando estás en un país cuyo idioma te resulta totalmente ajeno, el lenguaje escrito adquiere un papel fundamental para poder guiarte por sus lugares.

En cada estación baja y sube gente, metida en la vorágine de la mañana de un día laborable del mes de enero. En general se puede decir que la gente es tranquila, no hay aglomeraciones, los viajeros suelen avanzar decididos, pero sin correr demasiado, como si tuviesen medido el tiempo para llegar a destino, pero sin necesidad de acelerar demasiado el paso.

Franz Kafka solía acudir al trabajo andando, o al menos eso es lo que se señala en las diversas biografías, y algunas personas que lo conocieron. Las diferentes casas en las que vivió no estaban muy lejos de su lugar de trabajo, el Instituto de Seguros contra los

Accidentes de Trabajo del Reino de Bohemia (AUVA), edificio que no ha sobrevivido y que hoy es un lujoso hotel. Al contrario de algunos de sus domicilios que muestran placas señalando tal cuestión «histórica» que hoy figura en los folletos y manuales turísticos de Praga y que es punto de parada desde las llamadas *giras Kafka*, que recorren aquellos puntos de la ciudad que tuvieron algo que ver con la vida del escritor; hasta cualquier grupo turístico de las más variadas procedencias señalará aquel punto y no serán pocos los que se harán una fotografía inmortalizando el momento. Muchos de ellos no leerán un libro de Kafka en su vida, pero tendrán en sus celulares un recuerdo de aquel extraño autor que escribió sobre cosas raras, como ese tipo que se despertó convertido en un insecto. Y es que el icono Kafka tiene la fama que nunca alcanzará el escritor Franz Kafka. Porque una cosa es lo kafkiano y otra cosa es Kafka.

Con la independencia de Checoslovaquia, cambió parte de su denominación y estructura, pero el organismo siguió existiendo y Kafka trabajó en él durante un tiempo. Según algunos testimonios, solía ir al trabajo con el sombrero que se le ve en ciertas fotografías, y que, en una persona alta como él, debía proporcionar un estilo señorial, en particular cuando parece que no era muy normal la utilización de sombrero en aquella época. Lo cual podía llamar la atención sobre su persona, cuestión que parece extraña en alguien que se cree que intentaba siempre pasar desapercibido.

Llegamos a la estación de Starometska, en la que me debo bajar. De una forma casi automática sigo a la gente que sale al exterior. Llego a un lugar amplio donde hay un bar y otras dos tiendas, una taquilla y diversas indicaciones sobre las tres salidas. Las leo todas, pero no hay ninguna que ponga algo parecido a Nuevo Cementerio Judío y, por las informaciones que tengo, debo estar muy cerca. Sin ganas de preguntar escojo una al azar, y por una vez acierto.

Nunca he sido muy hábil moviéndome por ciudades que no conozco (incluso por las que me son más o menos conocidas), y ni siquiera ahora, con el invento del GPS, me siento muy seguro de adónde me llevan mis pasos. Lo cual me ha hecho ser concienzudo, escribir los nombres y llevar un mapa callejero, que siempre me puede ayudar a la hora de tener que preguntar. Y aunque parezca lo contrario, esa limitación te hace planificar tus recorridos, sientes más los pasos que vas dando, en particular cuando se trata de una ciudad desconocida, aunque sea la Praga paseada por Kafka. En este caso, los textos literarios pueden ser bellos, pero poco prácticos.

La información que tengo es la que me ha proporcionado una chica de la Oficina de Información Turística, quien, en un perfecto español, me ha dado un plano y me ha señalado todo con cruces. Creí que se extrañaría al preguntarle por la tumba de Kafka, pero no lo ha hecho, supongo que están preparadas para cualquier pregunta y el escritor se ha convertido en un icono de la turistificada Praga, hasta es posible que no fuese el primero que realizaba tal pregunta. La misma chica incluso trata de informarme sobre el Museo Kafka, pero le digo que ya he estado. Me planteo preguntarle si ha leído algo de Kafka, qué le parece, qué opina, algo que he hecho con los pocos contactos praguenses que he podido tener. No pretendo hacer nada parecido a una encuesta, solo es tener alguna percepción sobre un escritor en su ciudad, y cuyo nombre e imagen se multiplica icónicamente. ¿Qué hay más allá de eso?

El Nuevo Cementerio Judío se encuentra a la salida de la estación, solo tengo que recorrer unos pocos metros para ver en grande los caracteres hebreos y, a su lado, un panel informa en checo e inglés de los horarios y otras cuestiones, supongo que también de los precios, pues en las ciudades muy turísticas tienes informaciones de casi todo y actividades para casi todos los gustos, pero eso sí: «Hay que pagar, que esto es Ibiza», me dijo alguien en una ocasión cuando visitaba la isla. Y Praga, de muy diferente forma, no lo es menos.

Siempre he tenido una cierta querencia por los laberintos, por los sitios recónditos y escondidos, por los lugares que te presentan dificultades para llegar, los que no son muy conocidos y tienes la impresión de ser su descubridor o al menos uno de sus extraños visitantes, aunque sepas que en realidad no es así y más que nada es una ilusión óptica. Por otra parte está la condición sagrada, que no religiosa, que para uno tiene un escritor como Kafka, que te ha marcado con sus escritos, con su vida y su pulsión literaria, aunque lo veas a cien años de distancia en un tiempo y unas circunstancias que poco tienen que ver con las tuyas.

He estado esperando durante años este viaje, visitar su tumba, y por eso tiene un valor particular; una parte de mí desearía tener más dificultades.

Cuando entro en el Nuevo Cementerio Judío es igual que si hubiese atravesado una frontera, esa geografía solemne de los cementerios que contiene la muerte, una presencia física que se percibe aquí en particular, por las filas de tumbas que se vislumbran, todas de piedra, envejecidas por el paso del tiempo, lo que produce una sensación sombría que te envuelve con esa contradicción de seguir llamando *nuevo* a un lugar que ya tiene ciento treinta y cuatro años.

Cuando Kafka fue enterrado aquí, el cementerio no llegaba a los cuarenta años, lo cual sí podría decirse que era nuevo, en particular frente al otro cementerio más grande y antiguo, el cual se les ofrece a los turistas, visitas guiadas incluidas. Quizás en aquel entonces hubiese una dialéctica diferenciadora entre lo nuevo y lo viejo, pero hoy el paso del tiempo los ha convertido en un territorio común de la *turistificada* ciudad de Praga.

La frase «la paz de los cementerios», adquiere en el lugar un significado concreto y real cuando te encuentras con toda esa arquitectura dedicada a la memoria, pues ese es el significado fundamental de un cementerio. Pues más que la muerte, representa la lucha contra lo muerto y el olvido. Las tumbas con un nombre, unas fechas, alguna frase afectiva, e incluso con fotos, prolongan la existencia del que ya no está, igual que si aquello fuese una última resistencia ante el paso devorador del tiempo.

Es la primera vez que estoy en un cementerio judío, antes he visitado a los católicos, musulmanes y civiles; símbolos aparte, la impresión es parecida. Una solemnidad sagrada se te pega a la piel, quizás el cadáver que algún día seremos.

A pocos metros de la urbe, el silencio es tan denso y solemne que parece imposible la existencia de un lugar así, escindido de la ciudad y sus ruidos. Más aún cuando no encuentro ninguna presencia humana, y me percato de que las oficinas de entrada permanecen cerradas, a pesar de que ya no es tan temprano y es obvio que alguien ha tenido que abrir la puerta.

Estoy nervioso y espero, o espero porque estoy nervioso; tengo la información de que se debe pagar entrada y desde luego no me planteo «colarme», más bien al contrario, quiero hacer pública y solemne aquella visita, que no es al cementerio, sino a una de sus tumbas, la del Dr. Franz Kafka, como señalan unos carteles, con una flecha que te indican hacia dónde ir para encontrar una tumba que, supongo, será la más buscada y visitada. El *friquismo* kafkiano no tiene masas, pero existe.

Suele dibujarse una geografía íntima y personal de los lugares a los cuales se quiere ir, que pueden tener un significado tanto de realidad concreta y posible como utópica u onírica. Unos se alcanzan, otros —la mayoría— no. Son, en muchos casos, ensoñaciones que construyen el extrañamiento, y Kafka era muy consciente de ello, de que sería extranjero en cualquier lugar al que fuese.

«Porque solo soy literatura y no puedo ni quiero ser otra cosa». ¿Declaración extremista, declaración de intenciones, autoexigencia disciplinaria a sí mismo…? Este tipo de frases atraviesan los escritos kafkianos, y más que nada nos sitúan en un dotarse a sí mismo con una fuerza de voluntad que empuje. «A partir de un cierto punto ya no hay vuelta atrás», y en ese programa de geografía vital básica, ese llamado construir un lugar en el mundo físico para entregarse al literario.

Por eso la vida de nuestro escritor está atravesada por dos ideas recurrentes: irse de Praga y emigrar a Palestina. Sobre la primera, aún muy joven, le escribe a su amigo Oskar Pollak (el cual también muestra esa intención):

> Praga no nos soltará ni al uno ni al otro. La madrecita tiene zarpas. Es preciso resignarnos o… habría que prender fuego a los dos extremos al mismo tiempo, al Vysehard y Hradschin. Tal vez así podríamos escapar. ¡Piensa en ello desde aquí al carnaval!

La idea de emigrar a Palestina coincide con los primeros movimientos migratorios promovidos por el sionismo (y habría que diferenciar mucho el primer sionismo de lo que acabará siendo), pero que fundamentalmente representa una huida a los «mares del Sur», a un lugar en principio diferente al mundo occidental normativizado y reglado, en definitiva, la búsqueda de su lugar en el mundo, porque en el mundo donde vive no se encuentra integrado. Así, el proyecto de emigrar a Palestina se lo plantea en un primer momento para desarrollar labores agrícolas y luego, ya en los últimos años de su vida, para poner un restaurante con su pareja Dora Dyamant, donde él ejercería de camarero y ella de cocinera, oficio que la mujer desarrollaba en combinación alimenticia con el de actriz de teatro.

Desde luego es difícil creer que un hombre intelectual como Kafka, enfermo además de tuberculosis, pudiese ejercer un oficio que nunca había llevado a cabo. Es posible que hubiera sido una ensoñación futurista (cuando los proyectos se sitúan en un futuro muy lejano o sin fecha ni realización concreta, en parte renunciamos a ellos) cuando sí había realizado su idea de marchar de Praga, pues vivía en Berlín. Pero la ruptura con «la madrecita», le había llevado a una capital alemana marcada por la inflación, la especulación y un antisemitismo creciente. Así, los sueños o proyectos, cuando se realizan, pueden terminar no siendo lo que se esperaba de ellos, e incluso se terminan corrompiendo.

Pero Kafka fue consciente que su «lugar en el mundo» (si algo se puede llamar así) no era un espacio físico, un sitio concreto, una ciudad, país o continente, sino una manera de ser y estar relacionado con la creación y la escritura, con un modo particular de entender la misma: «Un escritor que no escribe es un monstruo que contiene la locura».

Cuando estoy decidido a seguir las flechas de los carteles Dr. Franz Kafka, ante la ausencia de cualquier persona, veo que alguien se acerca por un camino. El hombre lleva puesta una visera sobre un cabello entre negro y blanco, pero sobre todo destaca una larga y espesa barba que le llega hasta la cintura, ella sí, totalmente canosa y blanca. Sin ser muy consciente de por qué, me supongo que es judío, un suponer por el lugar que me encuentro. El individuo empuja una carretilla y sobre la misma una serie de hierros entrelazados que lo mismo podría ser una escultura posmoderna que un objeto utilitario.

Me quedo parado esperando que el hombre, al verme, me preguntará por qué estoy allí, pero, luego de lanzarme una rápida ojeada, me ignora, como si yo no estuviese, y luego se dedica al objeto, que con una base metálica cuadrada se compone de varios tubos de acero. Le veo tan dedicado al objeto que sería incapaz de interrumpirle, menos aún teniendo que mostrarle un teléfono móvil donde una voz artificial traduzca del español al checo. Deduzco que es un trabajador del cementerio y la situación es un tanto absurda. Hasta que escucho el ruido de un automóvil que se detiene ante la puerta de entrada y pasan dos hombres con barbas blancas muy similares a la del que está dentro, el cual empuja la carretilla hasta encontrarse con ellos. Entre los tres cogen el objeto metálico, lo sacan por la puerta y lo ponen en el techo del automóvil. Escucho el eco lejano de sus voces y, aunque no entiendo nada, me imagino que se dedican a ajustar la baca al coche. Creo que terminan por hacerlo, pues el hombre que estaba en el cementerio coge la carretilla y la lleva a la parte trasera de la oficina y luego, de una carrera, se reúne con sus colegas de las barbas blancas y se marchan en el coche. Aparentemente estoy solo en el Nuevo Cementerio Judío de Praga y me decido, ya que en las oficinas sigue sin haber nadie, a seguir los cartelitos con flechas.

> Josef K soñaba.
> Era un día hermoso y K sintió deseos de pasear. Pero no bien había hecho dos pasos ya estaba en el cementerio.

A Franz Kafka la K de su apellido, la K como letra, no le gustaba demasiado, aunque pareciese lo contrario. Y muchos de sus personajes la llevaban, desde el empleado de banco y acusado de *El proceso*, Josef K, hasta el agrimensor de *El Castillo*, que se quedaba con la sola letra K. La cuestión tenía que ver con su identificación con la rama materna, los Lowi. «Soy un Lowi», decía. Pero él utilizaba la contradicción para convertirlo en conflicto literario.

En su relato *El sueño*, otro K pasea por el cementerio:

> Los caminos eran allí muy complicados, poco prácticos, sinuosos, pero él se deslizó sobre uno de esos caminos como sobre un torrente, manteniéndose en un imperturbable balanceo.

Y en ese paseo descubre algo:
> Ya desde lejos le echó el ojo a un montoncito recién hecho sobre una tumba y ante el cual pensó detenerse.

A un lado están las tumbas que tienen diferentes formas, aunque el tamaño es parecido, creando una cierta uniformidad al estar muy juntas, lo que hace que, tras las primeras filas, sea difícil encontrar los apellidos de las familias allí enterradas, por lo cual en el muro han colocado placas con los apellidos y nombres y, entre ellas, cada poco, se destaca un cartelito blanco con la flecha y la indicación «Dr. Franz Kafka»; así es imposible que se pierdan hasta los más torpes como yo.

Me pregunto cuántas de aquellas tumbas, algunos auténticos monolitos funerarios, seguirán recibiendo visitas, cuántas de aquellas familias no habrán desaparecido, y pienso en el holocausto, cuántos de aquellos descendientes se habrán desconectado, quizás vivan en otros lugares, incluso los habrá que ignoren que tienen allí a sus ascendentes. Ignoro si en la tradición judía se mantiene la costumbre de honrar y conocer a quienes llevaron el apellido familiar más allá de tres o cuatro generaciones. En lo general podemos conocer a los abuelos, a los bisabuelos como mucho, bien porque los conozcamos con vida, bien porque nos hablen de ellos, pero la cuestión se dificulta con los tatarabuelos, que por lo general ignoramos hasta sus nombres. Salvo que la familia se destaque por algún tipo de tradición o ser un clan poderoso que conserva tradiciones. O bien porque alguien de la familia destaque y coloque dicho apellido en la inmortalidad, Kafka por ejemplo.

Avanzando por el camino poblado de hojas secas me percato en un momento dado de que los cartelitos con la flecha han desaparecido, señal de que me he pasado la tumba. Retrocedo. Me sitúo donde veo el último «Dr. Franz Kafka», hasta que, lanzando miradas a uno y otro lado, la encuentro. Se trata de una lápida cubista del arquitecto praguense Leopold Ehrmanny, y cuyo número está en el muro de enfrente, es el 211421.

La he visto cientos de veces en fotografías tomadas desde todos los ángulos posibles, también en reportajes y, sin embargo, he pasado delante de ella y no la he reconocido, a pesar de que está en la primera fila. ¿Quizás esperaba más? ¿Y qué se puede esperar de una tumba? ¿Qué se busca en la tumba de un escritor?

En su libro *Tumbas de poetas y pensadores,* el escritor holandés Cees Noteboom dice:

> ¿Por qué visitamos la tumba de alguien a quien no hemos conocido en absoluto? Porque aún nos dice algo, algo que sigue resonando en nuestros oídos [...]. Con alguien cuyas palabras siguen estando presentes para nosotros, mantenemos una relación del tipo que sea. Por esa relación nos es imprescindible visitar su tumba.

Del escritor, en su tumba, solo están los restos, que como el cuerpo de cualquier ser humano se pudre y destruye. Un escritor está en su obra, en las palabras que dejó escritas y que pueden trascender durante cientos de años. Pero la literatura, sobre todo la literatura que hecha raíces, tiene esa parte sagrada que necesita de los espacios simbólicos, y ahí están los rastros que el autor dejó en su camino, la tumba que acoge el débil pellejo humano que contuvo. Y sin embargo la emoción está ahí, como un destino dibujado en un mapa imposible; «Soy libre y por eso estoy perdido». Y se escuchan las voces: «La literatura es siempre una expedición a la verdad». Donde encuentra lágrimas grabadas en tinta: «Yo soy la novela. Yo soy la historia».

La tumba de Kafka es una más, las hay de varias formas y la suya se repite bastante, me atrevería a decir que es la mayoritaria, al menos a primera vista. Y al igual que las demás se percibe el paso del tiempo bajo la intemperie. Las lluvias, el frío y otras inclemencias climatológicas hacen que la piedra, pese a su inmortalidad, envejezca, mostrando su oscuridad, más aún a primeras horas de la mañana de un día nublado, que produce sensación de humedad. Respecto a cómo me la había imaginado según las fotografías e imágenes, me parecía más alta, que debería elevar la vista ligeramente para poder verla bien, sin embargo, la puedo contemplar a la altura de mis ojos. Es más pequeña de lo que esperaba, quizás tuve la creencia de que tenía que destacarse.

Rápidamente saltó sobre el pasto; pero como el camino seguía deslizándose rápidamente bajo sus pies él se tambaleó y cayó de rodillas justamente ante el túmulo.

En su relato descubre los hombres que están detrás de un sepulcro que se rompe cuando K aparece, pero es él quien no se muestra sorprendido:

De un matorral surgió inmediatamente un tercer hombre en el que K reconoció enseguida a un artista.

Y si en su relato Kafka reconoce en el cementerio a un artista, yo descubro la tumba de un autor. En el suelo hay un espacio cuadrado cubierto de gravilla y sobre él algunos bolígrafos esparcidos; supongo que a alguien se le ocurrió la idea y otros la continuaron. Aunque lo cierto es que no hay muchos bolígrafos, en general parecen baratos y denotan que ninguno de ellos serviría a algún fantasma de Kafka para escribir, aunque obviamente su función es puramente simbólica. Si observo en los bordes de donde se sitúa la gravilla, veo algunas filas de piedras ordenadas según la tradición judía. Se echa de menos una urna o buzón para echar cartas como en las tumbas de Miguel Hernández o Antonio Machado, sobre todo por ser un autor que escribió muchas cartas y algunas de ellas son una parte fundamental de su obra.

Estoy ante todo delante de una tumba familiar, con sus padres, sus hermanas, como si fuese uno más de los domicilios que tuvieron en Praga.

El primer nombre que aparece en la lápida es, lógicamente, el primero en morir, el «Dr. FRANZ KAFKA 1883-1924» y debajo, en caracteres hebreos: «Que la vida eterna acoja su alma». Son esos caracteres hebraicos quienes le separan del segundo nombre: «HERMANN KAFKA 1854-1932». Sí, el padre. Y quien haya leído *Carta al padre* no podrá evitar lo extraño que resulta que hayan terminado compartiendo la eternidad.

Y tras otro espacio con caracteres hebreos: «JULIE KAFKA 1856-1934». La que debería apellidarse Lowie, ese apellido con el que Franz más se identificaba, la esposa y madre, es una parte más de esa K que al escritor no le gustaba y sin embargo promovía. Fuera del monolito, una pequeña lápida de mármol que parece ahí colocada provisionalmente (y, sin embargo, debe llevar décadas, como una parte más de la tumba), es donde figuran las tres hermanas y, por las circunstancias, sorprende el escaso relieve que tienen: las tres murieron en los campos de concentración y, el hecho físico que sus cuerpos no estén allí, añade aún más dramatismo. Dicha lápida dice así: «A la memoria de las hermanas del comprometido escritor judío de Praga que perecieron durante las incursiones nazis». Y luego vienen los nombres de ellas y su fecha de nacimiento, el apellido, que, siguiendo la costumbre, abandona el de nacimiento para adquirir el del marido: «GRABIELA HERRMANVOVA 22-9-1889 / DALERIE POLLAKOVA 25-9-1890 / OTILIE DAVIDOVA 29-10-1892».

Valerie (Valli) y Gabriele (Elli) murieron en el campo de Chelmno, el primer sitio donde se usó el gas Zyklon. Otlla, con quien Kafka llegó a tener algunas colaboraciones y más entendimiento, fue confinada en el campo de Therecienstadt, un lugar donde los nazis llegaron a montar un espacio cinematográfico como propaganda para mostrar las condiciones benignas con que trataban a los judíos, así llegaron a concentrar a unos mil huérfanos, los cuales, en muchos casos, habían presenciado el asesinato de sus padres.

Otlla se ofreció como maestra y, engañados porque los iban a llevar a Palestina, los llevaron a Auschwitz y fue gaseada con ellos.

¿Habría imaginado su hermano una historia semejante?

Se ha destacado bastante esta visión «profética» que Kafka tuvo para ver el futuro, como una especie de adivinación de lo que serían los sistemas totalitarios y los autoritarismos, que hoy siguen estando ahí e incluso avanzando. No creo que se trate de una suerte de adivinación como si fuese un gurú o alguien que mirase a través de una bola de cristal, sino de perspectiva. Como señala Costas Despiniadis en *Franz Kafka. El anatomista del poder*:

> Muchos lo han calificado de profeta y, aunque metafóricamente hablando, muchas de sus concepciones se muestran ciertamente «proféticas», literalmente hablando habrá que recordar que en los profetas la verdad es una revelación «divina», «metafísica» o, dicho de otra manera, obviamente no resulta de la experiencia o visión personal del mundo. Kafka, por tanto, no profetiza, da testimonio. Da testimonio del mundo de pesadilla en que vivía y de la pesadilla aún mayor que estaba viendo nacer y que pocos años más tarde iba a asfixiar a Europa.

Es la peculiar «disidencia» kafkiana lo que le propició perspectiva. Quien no se atiene a las convenciones y valores establecidos, en especial las hegemonías dominantes en cada época, es quien abre camino para descubrir lo que no se ve a simple vista.

En sentido estricto Kafka no definió ni se adelantó a lo que serían los sistemas autoritarios y los fascismos que se instauraron a los pocos años de su muerte. Ni siquiera habló demasiado del antisemitismo que él conoció como judío, tanto en la Praga del imperio austro-húngaro, como tampoco cuando se convertiría en la capital de la Checoslovaquia independiente. Ni siquiera en el Berlín de entreguerras, donde vivirá cerca de un año.

El gran tema de Kafka es el poder, pero el poder en su más amplia concepción: social, política, normativa, cultural, estructural. Antes que Michael Foucault determinase que para construir los grandes poderes se necesitaban de toda una serie de micropoderes concatenados que puedan sustentarlos, con sus absurdos y contradicciones, Kafka sitúa una narrativa que es del futuro. Más perspicacia que adivinación. Más mirada que rompe con lo convencional que aciertos por intuición. Más intrahistoria que historia. Más perspectiva atemporal, pero de un tiempo determinado, que detenerse en lo concreto que domina cada época. Más en las particularidades que en las generalidades. Más deducción que intuición.

Como señalan Deleuze y Guattari:

> Es, de principio a fin, un autor político, adivino del mundo futuro, porque tiene como dos polos que sabrá unir en un dispositivo totalmente nuevo: lejos de ser un autor aislado en su recámara, su recámara le sirve para un doble flujo, el de un burócrata de inmenso porvenir, conectado con los dispositivos reales que se están creando; y el de un nómada que huye en la forma más actual, que se conecta con el socialismo, el anarquismo, los movimientos sociales.

En este sentido, su compatriota Milan Kundera señala:

> Kafka no profetizó. Vio únicamente lo que estaba ahí detrás […]. No tenía intención de desenmascarar un sistema social. Sacó a la luz los mecanismos que conocía por la práctica íntima y microsocial del hombre, un sospechar que la evolución ulterior de la historia lo pondría en movimiento en su gran escenario.

Y Walter Benjamin, víctima temprana del avance de esos totalitarismos que Kafka habría «profetizado», señalaba, identificando el escenario del pueblo de *El Castillo*: «Pues, actualmente, el ser humano vive en su cuerpo igual que K en el pueblo de la montaña de *El Castillo*: el cuerpo le es hostil y se le escapa. Puede suceder que una mañana, cuando el hombre despierte, se haya convertido en un insecto». De Gregor Samsa al agrimensor establece un hilo conductor y un escenario: el extrañamiento y el malestar vital:

> El aire de este pueblo no está libre de todo lo frustrado y lo ya madurado en demasía, que ahí se mezclan de forma tan malsana. K se vio forzado a respirar ese aire durante toda su vida. No era ningún adivino, ni ningún fundador de religiones. ¿Cómo es que pudo soportarlo? Así en un aforismo señalaba: «Puedes echarte atrás ante los sufrimientos del mundo, eres libre de hacerlo y de hecho es lo que corresponde a tu naturaleza, pero quizás precisamente ese echarte atrás es el único sufrimiento que podrías evitar».

Un cementerio es el tiempo detenido, cada tumba señala una fecha donde ese tiempo se ha parado para el nombre que figura junto a las fechas iniciales y finales. El ciclo vital es un pequeño segmento que se cruza en el tiempo global y Kafka sabe manejarlo en su narrativa.

En la mayor parte de su obra los tiempos son indefinidos, las geografías abstractas y desterritorializadas, predomina una indefinición calculada, lo cual le permite una amplitud de miras, así como una profundización de las mismas. La cuestión, como en todo lo kafkiano, es a la vez sencilla y compleja, evitando enredarse entre las ramas de lo que se puede ir hacia una cosmovisión más amplia, «por encima de las leyes, de los Estados, de los regímenes». Su escritura va más allá del análisis, establece la situación concreta desnudando de lo accesorio. «Una micropolítica, una política del deseo, que cuestiona todas las instancias».

Kafka no es un autor fantástico, sino que utiliza mecanismos de la maquinaria, quizás porque, como señala María Zambrano:

«La obra de Kafka se nos presenta toda entera como un sueño». Sobre *El Proceso* señala: «En *El Proceso*, Kafka nos ha mostrado algo que desdice toda la tradición del hombre de Occidente a partir de Job». Sobre *El Castillo* y la obra kafkiana:

> Y así, la novela se ha cerrado sobre la tragedia a la que la propia novela encubre. Y por haber manifestado un tal suceso no es posible llamar profeta a Kafka, más que si se hace extensible el título a aquel que lleva a un grado de claridad insuperable algo que desde hace tiempo está sucediendo, y no ya en la expresión literaria, sino allí donde Kafka sitúa todas sus obras, en el ser del hombre sin más, sin nombre.

La filósofa andaluza, que desarrolla uno de los más curiosos análisis de la obra kafkiana dice:

> Toda obra de arte es un hecho […]. El artista es el primer hechizado y para arrojar fuera el hechizo, para exorcizarse, crea. Franz Kafka, que se había olvidado de vivir, se dejó hechizar por la época en que le tocó no vivir, por el infierno último que era su fondo, dentro del cual los demás mortales que vivían se deslizaban sin temor ni angustia. Como todo hechizado se detuvo.

Así la Zambrano coloca a Kafka como un autor que se rebela contra el «infierno» de su época, el que le tocó vivir, la modernidad maquinista:

> Mas el hombre moderno se ha quedado a solas consigo desde hace mucho tiempo, un tiempo ya inmemorial.

Se podría decir, siguiendo el hilo Zambrano, que Kafka desarrolla una suerte de «humanismo crítico». En este sentido, para Deleuze y Guattari «nunca ha habido autor más político y social desde el punto de vista del enunciado. Todo es risa, comenzando por *El proceso.* Todo es política, comenzando por *Las cartas a Felice».* Porque como en ningún autor lo macro es micro, el orden social trasciende a las órdenes familiares, incluso en aquellos aspectos más autobiográficos o que no corresponderían a la obra literaria como es la *Carta al padre,* en el que dispara sin piedad al poder. Y en su texto más conocido, *La metamorfosis,* la lucha de clases recorre el salón familiar. No hay épica en la textura kafkiana, porque no fabrica héroes. Para el autor praguense, el Quijote que la emprende contra los molinos de viento es una creación de la mente de Sancho Panza, ni siquiera deja la locura que le permite Cervantes.

Los personajes de Kafka se rebelan poco, ni siquiera teniendo todas las razones para hacerlo, y prueba de ello es ese lamento final que expresa el protagonista de *El proceso,* «como a un perro», dice el empleado de banca cuando es asesinado a cuchillazos por los guardianes del Estado que, adelantándose a Hanna Arendt, señala que el mal, el mal más terrible, como es el asesinato de Estado, puede ser llevado a cabo por individuos perfectamente normales, que simplemente ejercían su oficio. Es la conocida «obediencia debida», y las jerarquías son algo a las que Kafka desnuda sin piedad. Nos señala los mecanismos de las estructuras y supraestructuras con inteligencia y originalidad, construye otras paralelas al modo que señalase Valle Inclán con aquellos espejos convexos que distorsionaban la imagen para ofrecernos las realidades que se nos escapan.

K estaba incontrolable por la situación en la que se encontraba el artista; empezó a llorar, después sollozó con las manos con que se cubría la cara. El artista esperó hasta que K se había calmado, entonces, dado que no encontraba otra salida, se decidió a seguir escribiendo.

La tumba de un autor no es el autor, como hemos dicho, porque él está en sus libros, en sus escritos…, pero sí es una representación, un espacio mítico y sagrado, y no hablo de religión o dioses. Hablo de la sacralización de la literatura y la creación como elemento trascendente frente a la banalidad y las sociedades líquidas en que estamos embarcados, y cuyo fin es que todo sea un producto comercial de consumo fácil. Se quejaba Pasolini ya en su época de la desacralización de la sociedad, que él relacionaba tanto con el consumismo como con la desaparición de las comunidades campesinas. Kafka no andaba muy lejos de esas ideas, incluso las llevó al extremo. Así, aunque como cualquier escritor, no renunciase a la publicación de sus obras y conseguir la máxima difusión, no parece que estuviese entre sus preocupaciones fundamentales. Para él la escritura ya cumplía el hecho literario, aunque no se publicase, aunque no tuviese muchos lectores. Eso, aparte de sus dudas y su obstinación, tenía un grado de perfección que atentaba contra los límites humanos. Por eso, entre otras cosas, era un escritor nocturno: «Mientras los demás duermen, yo escribo, yo creo literatura; mi magia, mi diferencia». Esa cierta asocialidad por él elegida y que señaló en más de una ocasión. Y en ese concepto de lo sagrado de la creación, no dudó en dirigirse a su editor Kurt Wolf, exigiendo que en la publicación de su *novela La metamorfosis* no saliese el insecto en que Gregor Samsa se transformaba:

> Resulta que se me ha ocurrido, dado que Starke será realmente el ilustrador, que quizás este, en su deseo, querer dibujar el mismísimo insecto. ¡Esto no, por favor!… El insecto mismo no puede ser dibujado. Ni tan solo puede ser mostrado desde lejos.

¿Qué pensaría hoy si viese no solo cómo el insecto ha sido reflejado cientos de veces y de muchas maneras, e incluso se vende como un producto de *merchandising*? ¿Qué pensaría si viese su propia cabeza unida al cuerpo de un insecto y esta imagen convertida en un icono propagandístico?

Al menos en el Nuevo Cementerio Judío de Praga el silencio es denso como una sigilosa música wagneriana que invadiera el lugar, pues cualquier ruido, por mínimo que sea, queda al descubierto, igual que en el cuento de Kafka:

> El primer pequeño rasgo que hizo el artista fue para K como una liberación, pero resultaba evidente que se había tenido que sobreponerse haciendo un máximo esfuerzo para lograrlo.

El protagonista del cuento (K, que menos), queda intrigado por lo que el artista va escribiendo. Ve al artista escribir letras doradas y grandes:

> Era una J, estaba ya contaminada, cuando el artista dio una furiosa patada en el túmulo, de forma tal que hizo volar la tierra en todo su alrededor.

El relato termina siendo estremecedor en su parte final, tanto es así que se agradece que resulte ser un sueño, pulsión de una pérdida.

«Un sueño» es un relato que Franz Kafka publicó en vida dentro del libro *Un médico de campo* en 1919, es decir unos cinco años antes de su muerte. Para entonces ya había sido diagnosticado de la tuberculosis que lo llevaría a la tumba, por lo cual la narración puede inscribirse en el proceso de somatización de la enfermedad que, sorprendentemente, ve positiva la muerte hasta el punto de visionar su propia tumba con letras doradas. Cabe preguntarse quién es el artista que graba su nombre sobre la lápida y que se convierte en el otro protagonista de la historia: el arte y la muerte; también, el sentido de la trascendencia, imaginar la propia tumba que, por la descripción, poco tiene que ver con la que finalmente ocuparía.

Dicen que la piedra es memoria en el tiempo, porque nos sobrevive y será una parte de la geografía que nos defina, que hablará de nosotros aunque solo sea por el simbolismo, pues es la palabra-testamento del que está allí abajo, del que solo quedará la huella de sus huesos, el ser, permanece en sus obras.

Lo primero que leí de Franz Kafka fue *En la colonia penitenciaria* y más que por el autor (en el cual tenía interés, pero que estaba más bien aparcado). El relato está escrito en primera persona, lo cual coloca en cierta medida al propio Kafka como protagonista, discurre entre la modernidad maquinista y la barbarie. Por su trabajo en la compañía de seguros de accidentes laborales, conocía el papel que empezaba a desarrollar el maquinismo y la deshumanización que podía suponer, al mismo tiempo el papel liberador de los trabajos más duros. Él percibió la crueldad que suponía aplicar la tecnología al ser humano, sustituir las formas más violentas de la tortura por una sutil tecnología que nos deslumbre, como ocurre al militar que se ocupa de ella y que pretende poner en práctica con un prisionero:

> —Es un aparato singular —dijo el oficial al explorador, y contempló con cierta admiración el aparato que le era tan conocido.

Pero como ocurre en algunos relatos e historias de Kafka, las situaciones adquieren un giro inesperado y es el propio mando militar quien acaba triturado mientras el reo es liberado. Según Martín Hopenhayn en *¿Por qué Kafka? Poder, mala conciencia y literatura:*

> Kafka nos presenta un modelo aterrorizante de los castigos que el hombre inflige al hombre y, creo yo, del aparato cotidiano del Estado, de todo Estado, pero en especial del Estado totalitario [...]. Estos son temas centrales en la historia del hombre y la progresión de tal estado de cosas es escalofriante.

El relato, este de forma clara, sitúa una de las temáticas fundamentales de la literatura kafkiana; el poder o más bien, los poderes. Como Foucault definiese que para el ejercicio de cualquier poder es necesario crear una serie de micropoderes sustentados y enlazados a través de unas potentes redes establecidas como normatividades necesarias.

Un ruido irrumpe en el Nuevo Cementerio Judío de Praga, parece un estremecimiento que lo recorriese todo y hasta las tumbas se tambaleasen. Por un camino no muy lejos circula un pequeño tractor que arrastra un remolque donde van varios hombres que, curiosamente, se parecen; todos llevan sus pobladas barbas, en algún caso muy blancas, Es curioso porque la población judía de Praga ahora es muy pequeña, nada que ver con la que había en la época de Kafka, y menos aún la minoría de habla alemana. Praga es ahora una ciudad monolingüe checa, y si es fácil escuchar otros idiomas por sus calles, es por las masas de turistas que la invaden, ya en cualquier época del año. Y es cuando Kafka se ha convertido en icono de una ciudad, que cuando él fue su vecino lo ignoró y solo tuvo un cierto reconocimiento en la zona judía. «Kafka es Praga y Praga es Kafka», se ha convertido en un dicho clásico; cierto, pero sobre el cual habría mucho que matizar.

Aunque no existiesen unas leyes propiamente segregadoras, lo cierto es que la comunidad judía y la checa vivían una al margen de la otra, y el nacionalismo checo era bastante antisemita. Así hubo manifestaciones y ataques a los comercios judíos, entre otros conflictos, pero el próspero comercio de sus padres parece que nunca fue atacado; ni en sus diarios, ni en sus cartas, Kafka llega a comentar nada de esto. Parece que el padre optaba por una cierta asimilación con la mayoría checa.

Lo que sí está claro es que fue ese antisemitismo lo que propició una de las bases para el avance del sionismo de su época, del cual participaron varios de sus compañeros y amigos. Si tuvo algún reconocimiento como escritor, fue en los ambientes judíos; la parte checa parece haberle ignorado. Incluso si tuvo alguna repercusión fue en Alemania, donde estaba la editorial que publicó sus libros, la de Kurt Wolff y Ernst Rowohlt y llegó a realizar una lectura pública de su obra *En la colonia penitenciaria*, que algunas crónicas señalan como un fracaso con señoras abandonando la sala, y en otras que sobrecogió a los asistentes. ¿Qué reflejo tuvo esto en su vida y obra?

Unos tímidos rayos de sol se dibujan sobre el cielo de Praga, y esa iluminación hace que la geografía funeraria adquiera un carácter menos sombrío, más amable. Es lo que me lleva a hacer fotografías de la tumba de Kafka. La fotografío de cerca, varias de las diversas partes, incluidas algunas de la pequeña lápida de sus hermanas; otras, desde lejos, casi confundidas entre las demás, como una más. Algunas salen relativamente bien; otras, no tanto, pero es lo que se puede hacer con la cámara fotográfica más utilizada hoy en el mundo: la de los móviles o celulares. Pero falta algo: Yo. No se trata de autocomplacencia, sino de que aquel es mi viaje y quiero ser testigo del momento, grabarlo en un instante que detiene el paso del tiempo, aunque sea una ilusión como señalase Susan Sontag. Lo cual me lleva a realizar una de las prácticas más habituales y curiosas de nuestro tiempo: el selfi. Pero aquí si que me encuentro con mi inutilidad técnica, por un lado, y con mi cultura analógica, por otro: Soy incapaz de hacer una fotografía que me refleje con un mínimo de calidad junto a la tumba del maestro. Tras varios intentos decido dejarlo y esperar a que alguien pase por aquel camino sembrado de hojas.

Los kafkianos no somos legión, no somos los miles de fans que tienen figuras de la música, el cine, el deporte… Un escritor mito es algo extraño, y quizás en particular como lo es Franz Kafka. Hay escritores que tienen parte de mito por motivaciones políticas, como es el caso destacado de Lorca, que encarna al poeta asesinado por el fascismo. El Miguel Hernández muerto en la cárcel por la misma enfermedad que Kafka, la tuberculosis, o el Antonio Machado, representación del intelectual crítico arrojado de su patria. O el autor que adquiere el rasgo de una «representación nacional» por llamarlo de alguna forma, el Pushkin ruso, el James Joyce dublinés-irlandés y el famoso día de Bloomsday, pero nadie diría que Cervantes o Shakespeare tienen algo de mito, por más importantes que sean en sus lenguas y en artes tan importantes como la novela o el teatro. No creo que nadie visite la tumba de Marcel Proust por haber desarrollado el monólogo interior. Quizás por eso que la tumba de Kafka resulte asépticamente fría, que no se destaque su condición de escritor, y cuya denominación en los cartelitos con flechas resalten el título de «Dr.», es significativo.

Es posible que Kafka no quisiera ser el Dr. Franz Kafka; estudió Derecho por imposición paterna, y es posible que también porque la tarjeta de intérprete de la legalidad no era mala tarjeta, en particular para alguien que no creía en los sistemas legales, tanto que le llevó a simpatizar con los anarquistas y como él mismo proclama en su diario, adora el pensamiento de figuras como Kropotkin.

Una vez que se convirtió en abogado y ejerció como tal en la Arbeiter-Unfall Versicherunge-Anstalt das Königreich Böhmen (Instituto de Seguros Contra los Accidentes de Trabajo del Reino de Bohemia, AUVA), no dudó en utilizar el derecho como un arma de disección literaria. Es obvio en obras como *El proceso*, *La condena* o *Informe para una academia*, pues como señala Elias Canetti en *El otro proceso*, las *Cartas a Felice* y la relación con la misma fueron el método que utilizó para la citada novela.

El matrimonio como patíbulo: con esta imagen comenzó para Kafka el año nuevo y no sufrió cambio alguno durante los doce meses siguientes, pese a todas las vacilaciones y vivencias conflictivas. Lo que más debe atormentarlo en su concepción del matrimonio es que uno no pueda reducirse hasta desaparecer: hay que estar ahí.

Como señala Canetti, en el primer periodo de su relación, Kafka buscaba algo más que comprensión, quizás compartir en un espacio íntimo, creación y soledad, lo que le lleva a no fracasar, sino ser juzgado sin culpa, como le ocurre a Josef K en *El Proceso*.

En la *Carta al padre* somete a la relación paterno-filial a todo un tercer grado, tanto acusando al progenitor (y en buena medida la figura del patriarcado) como al final acusándose a sí mismo y colocándose sin piedad en el banquillo de los que son juzgados. Y la figura del burócrata recorre la geografía narrativa kafkiana. Porque Kafka utiliza sus contradicciones vitales para convertirlas en conflicto y así moldearlas en su literatura.

Por otra parte, esa cuestión de utilizar la profesión alimenticia como experiencia vital para la obra literaria, no es exclusiva del autor checo. Así, don Antonio Machado, que no tenía vocación educativa, se hace profesor de francés porque como él mismo confiesa, vivir de la poesía es tentar a la pobreza. A pesar de lo cual se convertirá en un profesor respetado y utilizará la pedagogía para dar voz a uno de sus más famosos alter ego como es Abel Martín. Y el Bukowski empleado de correos, oficio que abandonará para la plena dedicación literaria, firma una de sus mejores novelas en *El cartero* y la experiencia laboral recorre varios de sus relatos. Y qué decir de Pessoa que dibuja parte de sus heterónimos en torno a la oficina del trabajo.

Quizás Kafka hace que sus personajes lleven esa K que no le gusta mucho, como una especie de marca. Confieso que a mí sí me gusta la K, su sonido, y me parece una singularidad en el alfabeto latino, pero sobre todo, quizás por casualidad, son unas cuantas las personas referentes para mí que llevan esa K. Aparte del propio Kafka, Yasunari Kawabata, Kierkegaard, Kadaré, Yukio Mishima, Nastassja Kinski, Karl Marx, Kirk Douglas, Kenzaburo Oe… Obviamente es algo casual que nada quiere decir, y hay muchas personas que llevan la K en sus nombres o apellidos que nada me dicen, incluso algún caso que me escinde, como el del escritor noruego Knut Hamsun, premio Nobel, cuya obra más conocida, *Hambre,* hubiera podido firmarla el propio Kafka, y sin embargo fue un colaboracionista del gobierno títere pronazi.

«Nosotros no creemos sino en una política de Kafka, que no es ni imaginaria, ni simbólica… Nosotros no creemos sino en una experimentación de Kafka, sin interpretación, sin significancia, solo protocolos de experiencia» (Deleuze y Guattari), la experiencia que se convertirá en experimentación mayor en los textos de Kafka. Esa experimentación le lleva a distinguirse de modelos como la Bildungsroman, la llamada *novela de formación* que se desarrolla particularmente cuando los principios de la revolución burguesa (el *Liberté, Égalité, Fraternité*) se han terminado convirtiendo en mero discurso, en el que se plantea, con un contenido crítico: «En cierto sentido, recorta tanto lo ilimitado del mundo, como la influencia del tiempo en que se determina la condición y sobre todo los géneros», señala Hartmun Binder. Por el contrario Kafka establece una cuestión de atemporalidad: «No sabemos en qué lugares ni cómo viven los personajes de sus relatos —a menudo suponemos que en Praga, pero ningún nombre de calle—, ni sabemos en qué circunstancias temporales se desarrolla todo: no hay referencias a asuntos políticos y sociales, a tiempos de guerra o posguerra, a las monarquías». La gran novela de esta época es *América*. Las novelas y relatos de Kafka se liberan de corsés y estructuras rígidas, no quedan atrapados por la trama, que pueden multiplicar o, simplemente, no existir. Dice Hartmun Binder: «en las novelas de Kafka la forma novelística, sus narraciones se han despedido definitivamente de un narrador que sabe aconsejar». Lo que hace Kafka, quizás sin pretenderlo, es dar una patada al tablero literario.

Es curioso que evite hablar de los paisajes externos, dar grandes descripciones que puedan ser indicativas, y menos aún dar nombre, y sin nombre ser prolijo en la descripción íntima. Es bastante normal que nos sitúe las ventanas y las puertas, la colocación de los muebles… Así podemos saber cómo era la casa de los Samsa, la habitación de Gregor, que se terminará convirtiendo en su refugio y al mismo tiempo en celda de exterminio. Pero en general las historias kafkianas son atemporales. Así señala Walter Benjamin: «Mientras Lukács piensa en períodos de tiempo, Kafka está pensando, por su parte, en edades del mundo. Pues edades del mundo ha de mover el hombre para poder pintar, y hasta para hacer el gesto más simple». Quizás Kafka ha logrado hacer algo que parece casi imposible: crear un tiempo literario propio.

Ello no quiere decir que la obra kafkiana, como cualquier literatura, no sea hija de su tiempo y sean las tendencias, cambios y crisis, guerras y conflictos desde los sociales a los nacionales, quienes tienen una influencia de uno u otro tipo en las tendencias literarias, porque todo arte, toda cultura que se precie, son hijos de su tiempo. La época de Kafka fue la del desmembramiento de los imperios y los renacimientos nacionales, de las posibilidades revolucionarias y de su contrario, el surgimiento de los fascismos. Y sobre todo del crecimiento y desarrollo de los mercados como leitmotiv, y con ello sus luchas intestinas que acabarían en la Primera Guerra Mundial. Kafka no nos habla de los hechos históricos concretos, sino que escoge la periferia para describir el paisaje. De ideales de la burguesía, el *Liberté, Égalité, Fraternité,* sucumben definitivamente como principios utópicos de las clases burguesas que terminará con los tanques combatiendo por los mercados, aunque sea bajo una u otra bandera, como él apunta en sus diarios:

Desfile patriótico. Discurso del alcalde. Luego desaparece, aparece de nuevo y grita en alemán: «¡Viva nuestro rey! ¡Viva!». Asisto a ello con expresión torva. Estos desfiles son uno de los más repugnantes fenómenos que acompañan a la guerra. Son promovidos por comerciantes judíos, que un día son alemanes y otros checos, lo cual reconocen, ciertamente, pero nunca como ahora podían gritar tan alto.

Es muy conocida la entrada en su diario del 2 de agosto: «Alemania ha declarado la guerra a Rusia. Por la tarde, escuela de natación». Y el 7 de agosto de 1914 apuntará: «Mis pasos firmes en la escuela de natación». ¿Y por qué no la natación como una forma de antimilitarismo?

En *El proceso*, desde que unos extraños policías van a detener a Josef K en su habitación, una especie de pensión, también la casa del abogado, la del pintor y todo el aparato judicial. En *El Castillo* nos descubre la escuela donde termina por ejercer de conserje, la casa del maestro, un centro de poder que se ejerce desde esa instancia y eso es lo fundamental, nos lo tenemos que imaginar. En *Un artista del hambre* la descripción de la jaula del ayunador es tan fuerte que termina por crear una sensación claustrofóbica.

En unos conocidos dibujos de Kafka se contemplan diversas figuras realizadas con trazos infantiles. En una entrada de su diario del 19 de febrero de 1911 señala: «Si escribo a la buena de Dios una frase, por ejemplo: "Él miraba por la ventana", esa frase ya es perfecta». Y en los dibujos se ven barandillas, ventanas, figuras humanas que parecen dilatarse. Quizás sea una aproximación a lo onírico, que es lo que en muchas ocasiones se tiene leyendo los escritos kafkianos. Pero más que en el sueño los situaría en ese espacio que hay entre estar despierto y entregarse a dormir, esa especial soñolencia que no tiene un nombre en castellano y que los japoneses llaman *makura*.

Se ha hablado mucho de las llamadas atmósferas que crea Kafka y es cierto que convierte en pesadilla. En *El proceso*, desde la habitación en que es detenido Josef K hasta el momento en que termina asesinado, acuchillado por unos extraños policías, y la única forma de rebelarse es la famosa frase final cuando agonizante exclama: «Como un perro», nos dibuja toda una maquinaria de poder inhumano. Lo fundamental se sitúa en la puesta de los sistemas legales y jurídicos, lo que parece más que otra cosa, un Estado de derecho, más que lo que después serán Estados autoritarios, aunque pueda tener aspectos de ambos.

Lo esencial es el planteamiento temático de la historia y la suerte que corre Joseff. Y como en otras de sus obras, o más bien la mayoría, nos encontramos con que la injusticia que padece el personaje no encuentra emotividad. Así, al igual que vimos desaparecer a Gregor Samsa convertido en bicho y oprimido hasta por su propia familia, a pesar del horror que conlleva, tampoco nos espanta la injusticia de que un hombre pueda ser ejecutado de una manera bárbara sin haber hecho nada; tampoco nos entristece demasiado el brutal final de un triste empleado de banca. Y eso que es fácil ponerse en su lugar, pero Kafka opta por algo parecido a lo que se llamará el «distanciamiento brechtiano», ese «las afueras de la llama», nos alejan de una emotividad fácil y del sentimentalismo, para enfrentarnos a algo más complejo: la humanidad de las inhumanas estructuras sociales que componen las colmenas sociales que habitamos. Pero no una perplejidad y asombros cualesquiera, sino aquello que no se ve, aquello que está a la altura de nuestras pupilas y son incapaces de captar. La literatura kafkiana va más allá y se detiene en lo micro, en los pequeños detalles que constituyen paisaje, aunque la mayoría no se percate de ello.

Ya está avanzada la mañana cuando, por fin, percibo que una figura humana se aproxima por el largo camino poblado de hojas. Me dispongo abordar a la persona cuando esta pase ante la tumba de Kafka, la del Dr. Franz Kafka. Me invade un cierto temor de ser ignorado o que me mire de mala manera.

En las ciudades *turistificadas* como es Praga, recorridas por riadas de miles de personas, ahora ya no solo durante el periodo estival, sino todo el año, pues el turismo tiende cada vez más a repartirse por todos los meses del calendario, termina por crearse una sensación de hartazgo que puede estallar contra quien no tiene responsabilidad alguna.

La mujer llega adonde yo estoy, ante la tumba de Kafka, me saluda con una agradable sonrisa, lo cual aprovecho para enseñarle el teléfono-cámara y explicarle lo que quiero. Me entiende con ese lenguaje internacional que son los gestos, mientras ella habla algunas palabras en checo y yo en español, pero la cuestión es que accede con amabilidad y voy a colocarme al lado de la lápida.

Nunca he sido muy fotogénico, me cuesta reconocer mi propia imagen, y supongo más en este caso, que trata de reflejar un instante sagrado. Son tres las fotografías en las que yo aparezco junto a otras varias de las diversas partes del pequeño monolito. La mujer está durante unos instantes delante de la tumba literaria y luego prosigue su marcha. Se me ocurre que debe ser agradable pasear por un lugar como aquel, entre la paz de aquellos muertos lejanos gobierna un silencio que cierra el paso al ruido exterior. Pueden tener algo de inspirador estos lugares poblados de silencios densos y contenidos.

El poeta César Vallejo se inspiró en Charles Baudelaire, iba a su tumba en Francia y se sentaba a escribir en el banco más cercano. Cuando murió, Georgette, su esposa, cumpliendo su deseo, compró una tumba próxima a la del poeta francés. Ambos descansan en el cementerio de Montparnasse.

Creo que sería incapaz de escribir en un cementerio, me sobrecogería, y más ante una tumba como la de Franz Kafka. Porque podemos visitar a los maestros y gigantes, a los que adoramos con la conciencia revolucionaria que tiene lo sagrado, pero no podemos imitarlos o caer en la idolatría fácil, porque nos destruiría: somos enanos viajando a lomos de gigantes, y es que se necesita tener una voz propia, muy labrada, como la tenía César Vallejo para acercarse a la tumba del maestro Baudelaire y sus paraísos inventados y poéticos, que sabemos son los únicos posibles. Pero la cuestión está, en un mundo complejo y confuso, efímero, ¿dónde están realmente los gigantes?

Cuando un 11 de junio de 1924 el Dr. Franz Kafka recibía sepultura tras haber fallecido el 3 de junio y cumplir la espera de al menos siete días según la tradición judía, nadie, ni siquiera su amigo Max Brod que fue el encargado, al parecer, de pronunciar unas palabras (hay otros testimonios que afirman que no intervino nadie), se hubiera atrevido a decir que se estaba enterrando a un escritor clave, a quien se ha calificado como el escritor del siglo XX. Cuentan que en dicho entierro Dora Diamant, la pareja de Kafka, a la que su propio padre le había negado el permiso para casarse, lloraba desconsoladamente sin que nadie la atendiese, y Hermann Kafka decidió poner fin al acto funerario. Era el hombre que como heredero firmaría la cesión de derechos de lo que se publicase a Max Brod. Parece que una parte de esos derechos serían compartidos con Dora Diamant.

Se me ocurre pensar que si el hábil comerciante que era su padre hubiera sabido que los libros con su apellido en la portada se multiplicarían por miles y en todos los idioma , no hubiese dudado en conservar tal derecho, aunque él no hubiese pasado de abrir aquellos libros que su hijo le entregaba y él le mandaba que los dejase en la mesita de su habitación donde, lo más probable, es que no pasara de hojearlos. Y es probable que los asistentes a un acto celebrado a una hora casi taurina, las cuatro de la tarde, la mayoría tampoco hubiesen leído los libros del muerto, a quien se reconocía más por su título de abogado, ese «Dr.» que figura en la lápida y han puesto en los cartelitos indicadores. Aunque algunos diarios recogieron la noticia de la muerte de un escritor llamado Franz Kafka, que hasta es posible escuchasen aquel nombre por primera vez.

Y curiosamente, ese escritor casi clandestino, más bien desconocido, y desde luego apenas leído, es el que ha hecho que algunos vengan de sitios lejanos a visitar una tumba como cualquier otra, pero mientras la mayoría han sido olvidadas, esta se ha inmortalizado.

Decía Francisco Umbral que un autor vivo molesta a su obra, que esta se libera cuando este desaparece. Y aunque no siempre sea así, en Kafka se cumple para desgracia de un autor y un hombre al que María Zambrano definió como alguien puro. Y el escritor que nacía aquel 11 de junio cuando se enterraba al Dr. Franz Kafka hace cien años, venía cargado de la mitología que se forma sobre hechos reales mezclados con interpretaciones diversas, incluida la propia mistificación. Y en el mito Kafka está la famosa solicitud a su amigo Max Brod para quemar su obra, o al menos una parte de la misma, la que no estaba publicada, que era la mayoría.

> Cuando aquello ya se había vuelto intolerable y yo daba vueltas sobre la estrecha alfombra de mi habitación como por una pista de carreras, asustado por la vista de la calle iluminada, y giraba otra vez, asustado por el aspecto de la calle iluminada, y volvía a encontrar una nueva meta al fondo del espejo, en las profundidades de la habitación, y gritaba para oír solo el grito al que nada responde, y al que nada le quita tampoco la misma fuerza de gritar…

Una habitación, el grito, una puerta…, son elementos habituales de la narrativa kafkiana y lo es, incluso con su título «Un mazo de madera señala el inicio», pero no es un relato que figure en ninguna de sus obras, ni aparece en las obras completas. Porque Kafka es el primer fusilador de su propia obra y de los esbozos de cuentos que se rindieron en el camino, pero dejaron su huella en lugares como su diario. Porque si algo hizo Kafka en su corta vida, fue escribir; se olvidó de vivir, como dice la Zambrano, o vivió a través de la escritura. Sabemos que escribía desde adolescente, pero la exigencia que se autoimpuso destruyó lo que podríamos definir como su obra juvenil. Y sabemos que la destrucción siguió y llegó a ese trágico convertirse en pirómano de sus propios escritos con la complicidad de su amigo Max Brod, y en este caso, a lo grande…

«Tú —dije yo, y le di un golpecito con la rodilla (al hablar, de repente se me escapó de la boca un poco de saliva, lo cual fue un mal presagio)—, no te duermas».

Y no dormía, como escritor nocturno se entregaba al espectáculo de las noches blancas que roban sueño al dormir, para viajar a través de los paraísos oníricos y mirar más allá de lo que muestran las pupilas. Siempre fue así, desde joven Franz Kafka escribía, pero también desde muy joven tuvo unos niveles de autoexigencia que pudieron llevarle a la autodestrucción, al menos en alguna ocasión. Así, no tenemos sus escritos primeros, cuando apenas era un adolescente, lo cual, más allá de la calidad que pudieran tener, son una base para analizar la evolución de su escritura. En sus diarios señala bosquejos de relatos que nunca llegarían a ser, o se nombra proyectos que nunca se hicieron cuerpo.

Parece que Max Brod no fue el único peticionario de acción pirómana sobre sus manuscritos, y que también lo habría pedido a su pareja Dora Diamant, y que en este caso ella hubiese llevado a cabo los deseos del escritor, pero solo en parte, pues conservó la mayoría de ellos. Y años después, ya muerto Kafka, los nazis entraron en el domicilio de Dora Diamant, entonces militante comunista, y se llevaron lo que ella tenía guardado. Se habla de que la Gestapo se habría incautado de veinte cuadernos y treinta y cinco cartas. Se produce así la paradoja de que el poder autoritario por él previsto, terminaría por actuar contra su obra.

Se ha escrito mucho, muchísimo, sobre la petición de Kafka a Brod para que este quemase sus escritos; pero ordenando los últimos días de su vida, desde que se marcha de Berlín y va a dos sanatorios en Viena: en la víspera de su muerte, tras escribir una larga carta a sus padres, recordando la infancia, y parece que a modo de despedida, luego corrigió las pruebas de «Un campeón del ayuno», que acababa de recibir, y le indicaba al editor sobre composición y presentación de la obra. ¿Cómo puede ser que alguien que en su agonía estaba ocupándose de un texto que se publicaría después de su muerte, a la vez fuera quien, mediante las llamas, quisiese desparecer como autor?

Con el sugerente nombre de «El pequeño habitante de las ruinas» aparece en los *Diarios* este relato inconcluso que contiene buena parte de las temáticas y el estilo kafkiano.

Sí, ese círculo nos pertenece, pero nos pertenece solo mientras lo retenemos [...], hasta ese momento teníamos la nariz hundida en la corriente de los tiempos, pero ahora nos echamos atrás, antes nadadores, ahora paseantes, y estamos perdidos. Estamos fuera de la ley, nadie lo sabe, y sin embargo todo el mundo nos trata conforme a ello.

PERIFERIAS KAFKIANAS

Una fábrica de ladrillos convertida en museo, un museo dedicado a un escritor no deja de ser algo extraño. Los museos están dedicados a la pintura, a la escultura, puede que hasta a la fotografía, a todo aquello que se pueda exponer y que tiene del ojo su fundamental espectador. Un museo está consagrado a la mirada, a la mirada como acto primigenio, que luego la cultura, el conocimiento y la experiencia, nos puede dotar de una cosmovisión. Pero el museo de un escritor está en sus libros, las paredes de las que cuelgan sus obras son las páginas, pues lo fundamental de un escritor es que tenga mirada. Pero la mirada de un autor es la que se nos ofrece con su escritura, y la mirada que realizamos con la lectura va más allá de lo que se puede ver con los ojos.

En general los museos de escritores suelen estar en sus lugares de origen o en aquellos sitios con los que ha tenido alguna relación. En muchos casos es esa pertenencia lo que más se destaca, se repite una biografía ya conocida, y se resalta su relación con la ciudad o pueblo determinado, en particular cuando esos museos están en las casas donde viviese el escritor, buscando la emotividad. Además suelen exponerse manuscritos y cartas, fotografías, y hay casos en los que se exponen máquinas de escribir, plumas o bolígrafos… y hasta utensilios domésticos. O bien se muestra el mobiliario de cuando el escritor habitaba esos lugares, aunque suele ser una réplica de este.

Un museo dedicado a Kafka era algo difícil, a no ser que se optase por el cliché clásico de repetir fotografías y murales con las explicaciones biográficas y bibliográficas por todo el mundo conocidas, en compañía de manuscritos, si existen, y ediciones diversas, desde las más antiguas, hasta en otros idiomas.

Aunque puedan ser interesantes y tener carácter emotivo por ser la casa del escritor y mostrar geografías a las que él perteneciese o se conserven elementos que le caracterizaran (la higuera en la casa natal de Miguel Hernández, por ejemplo), en general es difícil captar el aroma del autor. Y si el icono de Kafka que recorre la *turistificada* ciudad de Praga parece en ocasiones una creación espuria, en la antigua fábrica de ladrillos han logrado crear algo que puede aproximarse a las atmósferas kafkianas. Los espejos, las imágenes reflejadas en ellos, las cajas de los diferentes personajes que atraviesan sus relatos y novelas…, y un oscuro teléfono colgado en la pared con el nombre de Gregor Samsa, que con su nombre impreso invita a llamar o esperar a que el aparato vaya a sonar de un momento a otro.

En el exterior de la antigua fábrica de ladrillos, el guía de un grupo de españoles hace una performance intentando definir a Kafka como un escritor no reconocido en su tiempo, que muere joven, que está enfermo, que está solo, que no es comprendido… «No puedo hacerte entender. No puedo hacer que nadie entienda lo que está sucediendo dentro de mí. Ni siquiera puedo explicarlo a mí mismo». La verdad es que el hombre lo hace bien, vestido de forma bohemia, con una gorra parecida a la que usaban los anarquistas, y un toque vintage. Refleja algo de lo que fue Kafka, vida y obra. Por otra parte, la historia del escritor que fracasa en vida, que no es reconocido y que post mortem alcanza la gloria literaria es un clásico que se repite y que incluso se promociona editorialmente, y también tiene un público dentro del mundo literario, reivindicativo de cierta bohemia. Esto en un momento en que el papel del escritor ha decaído. En la sociedad del éxito y el dinero, de la fugacidad y el marketing, donde lo cuantitativo es lo importante, aunque para ello deban inundarse los escaparates con una literatura de fácil digestión, el hacha del que hablaba un joven Kafka para romper el corazón helado de las gentes, es algo tan necesario como difícil y complejo en las actuales circunstancias. La literatura cada vez tiene menos incidencia social.

Nunca la literatura ha tenido lecturas masivas, y la que ha tenido o tiene un mayor eco, en general y salvo excepciones, es de consumo fácil y comercial. El *Quijote* puede ser novela fundadora y emblemática, pero a pesar de que existan versiones cinematográficas, series, hasta de animación y versiones en cómic, es seguro que solo una minoría habrá leído el *Quijote*. Y sin embargo su influencia se puede ver en expresiones como *quijotesco,* en la figura de Sancho Panza, de Dulcinea, o dichos como «luchar contra molinos viento», entre otros, y esto lo dicen personas que en su mayoría no han leído la obra de Cervantes. Así, la expresión *sadismo* define unas prácticas que ya se hacían en las antiguas Roma y Grecia, pero fue el divino marqués quien escribió sobre ello, dándole nombre con su apellido. Y el escritor Ernest Masoch, con su novela *La venus de las pieles* ha dado nombre a una pulsión el *masoquismo* que él, desde luego, no inventó, con la paradoja que al contrario de Sade, Masoch es un autor poco conocido. O como Navokov con su novela *Lolita,* ha dado nombre a un tipo de mujer joven de compleja definición.

Y si hay un término que se ha introducido en el lenguaje común, este es precisamente lo *kafkiano,* que viene a definir situaciones o estados absurdos; es una de esas palabras que casi todo el mundo ha dicho alguna vez, aunque no siempre certeramente, y hay mucho uso y abuso del mismo. De una u otra manera, la literatura intervenía en la sociedad, en especial cuando quienes no leen o no han leído unos determinados textos, están influenciados por ellos. Algo que prácticamente no se produce hoy, una muestra de que la literatura cada vez tiene menos influencia.

«La literatura es siempre una expedición a la verdad». Y algo de esa verdad es lo que se intenta captar frente a esta tumba o en una antigua fábrica de ladrillos. Es ir hacia la comprensión de lo literario como un espacio físico, que tiene un cuerpo, una imagen a la que recurrir, por eso se sobrecarga la figura del autor, para que este no desaparezca, para que no se disuelva en la lectura. Pues como señala Roland Barthes, para dar vida al lector, el autor debe desaparecer, metafóricamente, morir. Porque lo que se escribe es siempre una reelaboración, una reescritura de lo ya existente, de la cultura histórica; por eso lo que se escribe pertenece al lector, a cada lector que realizará una interpretación propia. Porque como ya hemos dicho, somos enanos a lomos de gigantes. Mas hay autores que se disuelven en la literatura, es lo que proclamaba Kafka de que solo era y quería ser literatura.

Kafka, obviamente, no partía de cero, pertenece a una tradición, o más, pertenece a un espacio geográfico determinado y a una época determinada, que además tiene su límite temporal. La creación de lo *kafkiano*, liberando al término de su uso y abuso, es toda una determinación, que quizás sea una excepción a lo que planteara Barthes, porque no es el autor que, vivo, se coloca delante de lo escrito y estorba, como decía Umbral, pero consigue una fusión que va más allá de lo señalado por el filósofo francés en *La muerte del autor*. Kafka no puede morir en la obra porque es la obra misma: «Yo soy la novela. Yo soy mis historias», proclama, y no está diciendo que tengan un carácter autobiográfico, que construya sus personajes a la medida de su personalidad, que estos puedan tener algo de sus miedos y complejos, de sus características, de su lucidez, de ese mártir de la lucidez que fue, según María Zambrano, de ese utilizar la K de su apellido para crear a sus personajes, aunque esa letra no le gustase… Todo eso, desde luego, lo utiliza, pero solo es una parte. Al igual que bebe de la tradición literaria conocida hasta su existencia, que conociera y también utilizase la tradición judía, a la que pertenecía, pero la cual no era completamente suya, y en especial terminó asimilando la del judaísmo oriental, activista difusor de su teatro. Así asumió la enfermedad como una parte de ese ser literario: «Vine al mundo con una hermosa herida, con eso y nada más»; así como se bebió ese dolor a borbotones: «El dolor es el elemento positivo de este mundo, más bien el único vínculo entre este mundo y lo positivo en sí». El doctor José Remus Araico, en un análisis médico dice:

> Intentar la comprensión total de Kafka, hombre tan problemático: creador de lo kafkiano, sería una labor tan ardua que correríamos el riesgo de lo interminable. Correríamos el peligro de convertirnos en K, el agrimensor y principal protagonista de *El Castillo*, que con escasos datos, en este caso una biografía incompleta de los años infantiles, pretende llegar a penetrar en el fondo del misterio.

Porque el niño herido aplastado por el padre, que crecería con el joven que se rebela y asiente, destruye y se autodestruye, igual que si en un juicio fuesen él mismo el juzgado y la víctima, el fiscal de la acusación y el abogado defensor. Y Ernst Fischer expone: «Kafka se decidió, con toda conciencia, por el Arte y la autodestrucción, en vez de hacerlo por la vida y su parcela de felicidad privada». ¿Se olvido de vivir? Depende.

El suicida mata un cuerpo, el suyo propio, es un asesino tímido, que decía Cesare Pavese; Sylvia Plath se mataba para renacer, en sus propias afirmaciones de que ella moría bien. También Kafka en alguna ocasión coqueteó con levantar la mano contra sí mismo. Matarse es una forma de intervenir en la vida, de labrar el jardín vital con la soberanía que se tiene sobre el propio cuerpo.

La literatura se impuso a Kafka como su razón vital, y por eso lo demás estaba sometido a esa pulsión, y así se originaba un problema técnico: cómo compaginar con otras «dedicaciones», como fue el trabajo en la compañía de seguros, «la oficina» de la que se queja una y otra vez en sus diarios. Y el matrimonio, cuyo compromiso rompió en tres ocasiones y que una de las veces sería la experiencia que le sirvió para la estructura de *El Proceso*, como analizó Elias Canetti en *El otro proceso*. Pues al igual que el trabajo alimenticio, como hemos señalado, es una fuente de experiencias que trasmitir a la literatura, parece que para Kafka, la vida burguesa de salón, cama y zapatillas, podía ser incompatible con la bohemia y el desorden que suponían la escritura. Sin embargo escribe en varios lugares que el matrimonio era la aspiración del hombre, y el soltero es un personaje extraño que se le atraviesa en varios de sus relatos.

Franz Kafka renunció a una agradable vida burguesa que estaba a su alcance, para vivir en la literatura. Pero ese vivir en la literatura, ser literatura, necesitaba del conflicto vital para llenar los folios de letras. Alguna vez Kafka llegó a dibujar al escritor como un ser amarrado a la mesa de su escritorio, aislado de todo y que apenas interrumpiría la escritura para comer y dormir lo esencial. Pero lo cierto es que ese escritor encerrado en una torre de cristal, que él no fue, quizás no hubiera podido ser literatura como él mismo se reivindicó.

ANTE LA TUMBA DE KAFKA II

Al bajar el ataúd, Dora Diamant lanzó un grito doloroso y penetrante, pero sus sollozos, que podían ser entendidos solo por el único al que fueron dirigidos, se fundieron con el eco de la oración hebrea por los difuntos, que anunciaba la santidad de Dios y la esperanza en la salvación, surgiendo de lo más profundo del corazón.

Escribe Johannes Urzidil en *Aquí va Kafka*, describiendo el entierro del escritor. ¿Creía él en esa salvación, en algún tipo de salvación que no fuese el de la literatura? Nos dice Urzidil:

Escribir como forma de orar, esta es la definición del escritor que hizo Kafka; y aunque no hubiera ninguna salvación, quiero ser digno de ella en cualquier momento, aquella era su fe.

¿De verdad esa era su fe? Sabemos mucho de Kafka, pero en realidad nunca sabemos todo de Kafka, ya sea en sus relatos, novelas, escritos, cartas, diario. Nos enseña los pasillos, unos pasillos poblados de puertas y ventanas, que muestran cosas, geografías diversas, pero siempre hay más pasillos, con otras puertas y ventanas, así sucesivamente. El juego y el laberinto son dos de las columnas sobre las que se asientan los mundos de Kafka.

Contemplo la tumba de Kafka por última vez, lanzo una mirada al conjunto del paisaje mortuorio. Es ya más del mediodía y el silencio sigue siendo solemne, no sé dónde están los trabajadores de las barbas o si hay alguien en las oficinas, pero el único ruido que llega es el del tráfico urbano al otro lado del muro. Es curioso que con solo un muro y sin distancias, el ruido de la ciudad (afuera hay un cruce de carreteras y tráfico urbano) no penetre en el cementerio y adentro reine aquel silencio, solemne y sobrecogedor, como si fuese una ínsula sagrada.

Antes de marchar me planteo dejar el bolígrafo que llevo en el bolsillo, pero lo veo demasiado simple, si al menos tuviese el que tengo en el hotel que traje de la República Dominicana (uno de esos que son apariencia y que dan en los hoteles), pero al menos sería uno de esos lugares a los que él soñaba marchar, aunque ahora hasta los «paraísos perdidos» son pasto de ese turismo depredador que padece su propia ciudad amada/odiada. Y al final se quedó en «la madrecita».

Mientras camino pisando las hojas del camino, vuelvo a escuchar su música, todavía me quedan unas horas en Praga, todavía me quedan unos años (eso espero) de seguir buceando por la literatura kafkiana, que es algo que va más allá de cualquier ciudad, nación o territorio.

LA PARÁBOLA DEL PADRE

Cualquiera que haya leído *Carta al padre* y contemple que en la lápida del Nuevo Cementerio Judío de Praga, Hermann Kafka y Franz Kafka son compañeros de tumba, que comparten la «eternidad», no deja de ser una curiosa paradoja.

Si seguimos el rastro de las fotografías de Hermann Kafka, de joven, las que pertenecen al matrimonio y, finalmente, la vejez, descubrimos a un individuo con un poblado bigote negro y una cara ancha, que el paso del tiempo convertirá en un anciano de rostro arrugado que parece haber empequeñecido la cabeza en un proceso de jibarización. Aún así, su hijo, que en la carta le otorga una gran superioridad física sobre él en su infancia y adolescencia, sigue diciendo, cuando le escribe la carta, que aún mantiene esa superioridad física: «A veces me imagino el mapa del mundo extendido y a ti estirado a lo ancho sobre él […]. Y, conforme a la idea que me hago de tus dimensiones». Para entonces Franz tiene treinta y seis años y su padre sesenta y cuatro. Aunque la enfermedad tuberculosa ya pudiese anidar en su cuerpo, era un joven delgado y alto, frente al de un anciano sumido en la decrepitud. Así lo que dibuja Kafka hijo, quizás era una imagen creada porque aún retuviese mentalmente la visión infantil de los cuerpos desnudos cuando se cambiaban en una caseta de la playa. ¿Hasta qué punto la visión del padre está exagerada (él mismo reconoce que tiende a la exageración) para mostrar una superioridad física que exprese la que le atribuye? Hermann no es un personaje de ficción, pero Kafka lo utiliza deformándolo con su propia visión subjetiva. La carta se convierte en una rebelión contra la autoridad y la paternidad, un «matar al padre» que se realiza simbólicamente entre la adolescencia y la juventud, donde el hijo pone en cuestión al padre a fin de marcar identidad propia, es decir, emanciparse con mayor o menor ruptura. Pero el matar al padre kafkiano es tardío, tremendamente demoledor y profundo, al tiempo que con dudosas perspectivas emancipatorias. Como en la mayor parte de la obra kafkiana, este texto plantea una puesta en cuestión del poder paterno.

Hermann era un judío que procedente de un bajo nivel social y económico, había adquirido un estatus social de comerciante que podemos situar como pequeña burguesía. Son esos sectores que el ascenso social, y más aún el económico, lo han tenido que pagar con sudor y sangre. Esto ha supuesto que el hijo se vea favorecido por aquello que le daba: «He podido disfrutar de lo que me dabas, sí, pero siempre con vergüenza, fatiga, debilidad, sentimiento de culpa». Y no duda en reconocer su valor: «Eras un gigante en todos los aspectos: ¿para qué ibas a necesitar nuestra compasión o incluso nuestra ayuda?».

Aquí Kafka hijo obvia una cuestión fundamental, en el esquema de la sociedad patriarcal se necesita un sucesor, como necesitan las monarquías, una cabeza masculina sobre la que colocar la corona para que el pequeño imperio se mantenga.

Hermann tiene seis hijos, dos varones mueren siendo niños, Franz es el primogénito y el que sobrevive con sus tres hermanas, que además para mostrarlo claramente, abandonarán el apellido Kafka cuando se casen. Pero el heredero se rebela contra su destino y además cuestiona el «imperio». Y para hacerlo adquiere la condición de víctima: «No hace mucho me preguntaste por qué afirmo tenerte miedo». Aquí Franz coge del brazo uno de los leitmotiv fundamentales de su obra: el miedo. De Gregor Samsa a Josefina la cantora, uno de sus últimos relatos, ese temor acompañará las relaciones e interacciones de sus protagonistas, y que en la *Carta al padre* funciona como uno de los elementos para renunciar a ese presunto privilegio, pues Franz Kafka es un príncipe que se destrona a sí mismo y en ella se convierte en una carta de renuncia, o más bien de explicar por qué hace ya un cierto tiempo ha dimitido de sus supuestas responsabilidades, y lo hace acusando.

Las acusaciones van cayendo en cascada pero al tratarse de un conflicto paterno-filial, el hábil narrador que es Franz Kafka plantea una especie de oxímoron literaturizado: «Mi escritura trataba de ti, allí solo me quejaba de aquello que no podía quejarme sobre tu pecho».

Al patriarca le surge un hijo escritor que no le sirve. Y tanto como macho alfa como por ser una persona con bajo nivel cultural, asume un papel antiilustrado y de negación del arte y la cultura, en especial cuando no es un valor productivo. Y en este sentido la literatura kafkiana adquirirá una pulsión antiburguesa por cuanto, como hemos dicho, se sitúa en una época de dominio del mercado y abandono de su utopismo («*Liberté, Égalité, Fraternité*»).

Sin ser en principio obra literaria, la *Carta al padre* condensa los aspectos fundamentales de su literatura. El conflicto paterno-filial nos muestra también el conflicto político-ideológico. Lo deja claro en la posición que toma en relación a los empleados del negocio: «A los empleados los llamabas "enemigos pagados", y lo eran, pero desde mi punto de vista, tú te erigías, ya de entrada, en su enemigo pagador». Así manifiesta su ruptura renegando lo que tendría que haber sido su reino: «Para mí, aquello hizo de la tienda un lugar insufrible, que me recordaba demasiado a tu relación conmigo». Y el simpatizante anarquista se lo deja claro, frente a las broncas y malos tratos: «Eso me hizo ponerme inevitablemente del lado de los empleados, aunque también había otra razón: el puro y simple miedo». El miedo otra vez, pero aquí con un contenido de clase evidente.

Entre las cuestiones que le plantea en la carta están: el tema de la identidad, llegando a simpatizar con el judaísmo oriental y en particular con el idioma yiddish, a colaborar con grupos de teatro. A su padre le achaca la práctica de un judaísmo convencional y en general la escasa práctica que le trasmitió, con el que le educó. Así le dice: «Tampoco podía refugiarme de ti en el judaísmo […]. Con el paso de los años he adoptado más o menos tres posturas diferentes hacia él»:

- La búsqueda de la identidad le lleva a decirle que no es, que no se siente un Kafka, es decir, parte de la familia paterna, en general compuesta de comerciantes, con una escasa sensibilidad con la cultura y el arte, que sí encontraba en la familia materna, los Löwy. Así se identifica: «Soy un Löwy con un cierto trasfondo de los Kafka». Y se diferencia del padre: «Tú, en cambio, eres un Kafka de la cabeza a los pies, un hombre fuerte, sano, con buen apetito, vozarrón, elocuencia, autoestima, que se sabe superior a quienes le rodean…».
- Hay una critica general a la enseñanza que ha recibido, que si bien reconoce que no dudó en medios, por un lado le condicionó para que estudiase derecho, que era una manera de mantenerle como «príncipe heredero», que como cuenta Franz Kafka en sus diarios y en la propia carta, era una herencia que representaba una carga más que un privilegio.
- Continuando con lo anterior le acusa de haber influido para que no se haya casado. Aquí habría que apuntar varios elementos. Es conocida la dificultad que observa para contraer matrimonio y hacerlo compatible con su profunda dedicación literaria, pero en la carta, aun asumiendo esto, le achaca las críticas que le hace a sus relaciones, hablando negativamente de una de sus novias. Por otro lado, él manifiesta en varias ocasiones, y lo abordó en sus relatos, que el hombre debería casarse y tener una familia. En cambio él en ocasiones rechaza poder asumir ese papel.

Kafka, se puede decir que tenía algo de eso que años más tarde se ha llamado el síndrome de Peter Pan. Y no me refiero tanto a la eterna adolescencia consumista y desprovista de cualquier responsabilidad que se produce en las actuales sociedades líquidas, sino en el rechazo, no integrarse en un mundo «adulto» como base de la sociedad burguesa.

En cualquier familia se establece una jerarquía y un juego de espejos, y, de ambos, el reflejo que tiene es el orden de la familia más tradicional y conservadora; en el espejo está Hermann Kafka, y Franz aborrece poder convertirse en algo parecido a su padre.

Y si el miedo se presenta como el elemento motor de esta carta, otra de las pulsiones de la creación kafkiana aparece al final de la obra: la culpa. El abogado-hijo que ha colocado al padre en el banquillo de los acusados, en un giro narrativo genial se convierte en un fiscal que se sienta él mismo en el potro acusador:

> Aun así, debo decir que a mí me resultaría insoportable un hijo tan silencioso, insensible, seco y postrado como yo; si no hubiera otra posibilidad, huiría de él, emigraría, como tú empezaste a decir que harías a raíz de mis proyectos de matrimonio […]. Pero es mucho más importante el miedo que sentía por mí mismo.

La carta adquiere así los caracteres propios de la narrativa kafkiana, lejos de cerrar con el punto final la trama, lo que hace es abrirla.

«Escribir cartas… significa desnudarse uno mismo ante los fantasmas». Y sin duda en *Carta al padre* hay muchos fantasmas, propios y ajenos, e incluso los que van más allá de su historia y dibuja unas estructuras y unas pulsiones que podrían ser las de hoy mismo. Lo que hay que plantearse hasta qué punto es una carta, o más bien utiliza los recovecos del género epistolar para escribir lo que sería una novela corta confesional. Puede que al comenzar a escribir las cincuenta páginas que terminaría teniendo el escrito, en una pensión a cincuenta kilómetros de Praga, en la ciudad de Libechov, del 4 al 20 de noviembre aprovechando un permiso laboral, tuviese la intención de un hijo ajustando cuentas con un padre con el que ha tenido unas relaciones conflictivas. Pero al igual que escribió *La condena* de seguido en una noche de efervescencia de las musas, la carta fue creciendo de lo concreto a lo universal. De haberla recibido, el pobre Hermann hubiera quedado noqueado, o hubiera estallado en una rabia inmensa o… Porque su hijo nunca se la mandó, y que utilizase a su madre como correo, puede indicar que su voluntad fuese que nunca le llegase. Si rastreamos un poco, en una carta a Milena le dice:

> Si alguna vez quisieras saber cuál era mi situación anteriormente, te enviaría desde Praga la enorme carta que hará medio año escribí a mí padre, pero que todavía no le he entregado.

Y en verano de ese mismo año le vuelve a escribir:

> Mañana te enviaré a tu casa la carta a mi padre. Guárdala, por favor, muy bien, pues quizás pudiera decidirme algún día a entregársela al padre.

Pero nunca se la entregó, y cuando la carta se hizo pública, Hermann ya acompañaba a Franz en la tumba.

PARÁBOLA DEL AUTOR

Este libro se ha escrito entre dos tumbas y dos muertes, la tumba centenaria y la muerte lejana y mitificada de Franz Kafka, y la muerte cercana y concreta de mi madre.

Comenzaba mi particular «Año Kafka» visitando la ciudad de Praga en el mes de enero, uno de esos viajes que me había propuesto como esa geografía interior que se dibuja sobre lugares concretos del exterior. Fui como una especie de rastreador, igual que si pudiese encontrar algo nuevo, diferente, tener otra visión… aunque todo queda, en construir tu propia mirada, fabricar tu propio Kafka que es algo muy propio que se hace con los mitos.

Era un viaje postergado muchas veces, quizás no tanto por su posibilidad (Praga está solo a unas horas de vuelo, y para ir a esa ciudad se encuentran ofertas en cualquier agencia de viajes), como por el propio hecho de tenerlo ahí como esperando, porque de autores como Kafka, que se han convertido en referencia, uno espera que crezcan, aunque, como es el caso, haya muerto hace cien años, punto final que colocan en su obra, pero que es un punto y seguido que se abre para la literatura que perdurará, que se interpretará, que ocupará espacios diversos, desde los populares y más alternativos, hasta los más oficiales. Y también, inevitablemente, su utilización y hasta su tergiversación.

Con Kafka esto se agranda hasta el infinito, porque no solía poner punto final, porque la suya es una obra inacabada, una novela y relatos, escritos, planteados desde el mundo de lo dubitativo; mientras que el poblado por lo afirmativo, por una serie de afirmaciones que terminan por configurar una narración gris que expulsa las interrogaciones, que sabe tanto del mundo que se sube a un trono desde el que te mira con superioridad, esa literatura me interesa poco o nada.

En cierta manera, la literatura kafkiana emergía cuando el Dr. Franz Kafka era enterrado en el Nuevo Cementerio Judío de Praga un 11 de junio de 1924. Como él mismo dijo en uno de sus aforismos:

> No he sido traído a la vida, como Kierkegaard, por la mano ya flaqueante del cristianismo, ni he agarrado al vuelo en su huida el último pliegue del manto de oración judío, como los sionistas. Soy fin o principio.

Fue principio.

Luego de mi viaje a Praga me sumergí en el estudio de un voluminoso material sobre Kafka, que aborda prácticamente todos los aspectos y visiones de la obra kafkiana. Un trabajo al que me dediqué de manera casi monástica, como si quisiera hacer lo que dijo alguna vez el propio Kafka de que un escritor debía amarrarse a la mesa de su despacho y dedicarse exclusivamente a la escritura.

Aparte del cansancio y los problemas de salud que me apartaban de esta tarea en la que profundizaba a la vez que me apasionaba, solo con la pequeña frustración personal de comprobar que Kafka era inabordable, me apartaba del amarre a mi particular mesa kafkiana la visita a mi madre en la residencia donde ella estaba. Pero incluso en esas visitas trataba de aprovechar el tiempo. Dado que tenía que coger dos autobuses para llegar allí («está lejos la casa», me decía en alguna ocasión mi madre), lo que suponía en torno a una hora entre ida y vuelta, llevaba en el bolso algún libro sobre Kafka. Mi madre, una mujer que como muchas en su época no habían tenido acceso a la cultura, no sabía quién era Kafka, y ante tanta insistencia en este señor (el viaje a Praga), traté de explicarle quién era y la razón de que me interesase tanto este hombre; sin, creo, conseguirlo. Pero ella lo resumió con una de sus lógicas muy practicas: «Uno que escribía como tú».

Pues sí, salvando las distancias que hay con un gigante como Kafka, era uno que escribía como yo. Y como si estuviese bendecido por el «Año Kafka», tuvimos un curioso acercamiento a la «cultura», dado que siempre mirase con cierta distancia mi vocación y pulsión literaria. Durante mis visitas íbamos a la biblioteca de la residencia o al menos pasábamos allí un rato.

La biblioteca del lugar estaba formada por donaciones, colocados los libros sin ningún tipo de orden o criterio, por lo que podías encontrar un best seller al lado de cualquier obra clásica, pongamos el *Quijote* por ejemplo. A los que les gustan de verdad los libros, saben lo que representa poder bucear en semejante anarquía bibliotecaria. Yo cogía algún libro y luego me sentaba al lado de mi madre, quien, como mucho, ojeaba el periódico, pero sobre todo, me contemplaba.

El lugar no era muy concurrido, coincidíamos con un señor en silla de ruedas que leía la prensa y nos miraba con curiosidad, ese escarbar entre los libros, y mi madre contemplándome. Un día le dijo al señor, sin que él preguntase nada, que a mí me gustaba mucho todo aquello de los libros, cuestión que le repitió a alguna de las pocas personas que pasaban por el lugar. Un día le explicó al señor que yo no solo miraba los libros, también los hacía. No sé si el buen hombre la entendió. En alguna ocasión estábamos solos, y aquel compartir mi pasión libresca, aunque solo fuese estando ahí, era algo que nunca habíamos hecho.

Cuando mi madre empeoró y el tumor fue rodeando su cuello como si quisiera ahogarla, dejamos de ir a la biblioteca.

Ahora que ya no puedo ir a aquella biblioteca, que esa mirada curiosa solo habita en mi memoria, acaricio los dos tomos del

Quijote en una edición de Catedra, con la que releer la historia de aquel loco con apuntes que permitan comprender ese castellano antiguo, y que ella miró con una media sonrisa cómplice cómo viajaba en mi bolso aquel personaje engendrado en las tierras manchegas donde ella naciese. Creo que a su manera comprendió que, como Kafka, uno es ante todo, literatura.

Gijón, a noviembre del 2024

BIBLIOGRAFÍA

Diarios. Franz Kafka. Random House Mondadori. 2006.

Percepciones. Franz Kafka. Vitalis. 2020.

Praga Mágica. Angelo Maria Ripellino. Ediciones Siruela. 2023.

Relatos completos. Franz Kafka. Editorial Losada. 2003.

Tumbas de poetas y pensadores. Cees Nooteboom. Ediciones Siruela. 2009.

El anatomista del poder. Franz Kafka. El Garaje Ediciones. 2024.

Kafka. Por una literatura menor. Gilles Deleuze / Félix Guattari. Ediciones Era. 1978.

El arte de la novela. Milan Kundera. Tusquets Editores. 2007.

Escritos sobre Kafka. Walter Benjamin. Abada Editores. 2024.

Aforismos. Franz Kafka. Random House Mondadori. 2006.

El sueño creador. María Zambrano. Alianza Editorial. 2023.

Kafka. En las dos orillas. VV. AA. (María Zambrano). PUZ. 2013.

¿Por qué Kafka? Poder, mala conciencia y literatura. Martín Hopenhayn. LOM Ediciones. 2000.

Sobre Kafka. El otro proceso. Elias Canetti. Galaxia Gutemberg. 2023.

«Algunos aspectos de la personalidad de Franz Kafka». Dr. José Remus Araico. *Neurología, Neurociencia y Psiquiatría*. Vol. 12. Núm. 2. México. 1971.

Kafka. El método poético. Ernst Fischer. El Sudamericano. 2018.

La máquina burocrática. (Afinidades electivas entre Max Weber y Kafka). José M. González García. Visor. 1989.

De Kafka a Kafka. Maurice Blanchot. Fondo de Cultura Económica. 1991.

Carta al padre. Franz Kafka. Debolsillo. 2004.

Cartas a Milena. Franz Kafka. Alianza Editorial. 2007.

Cartas 1900-1914. Franz Kafka. Galaxia Gutemberg. 2018.

Franz Kafka y Praga. Harald Salfellner. Vitalis. 1999.

Aforismos. Franz Kafka. Debolsillo. 2005.

Franz Kafka. Ein Leben in Bildern. Hartmun Binder. Vitalis. 2024.

Esta
primera edición
de *Kafka: la disidencia del
piel roja* de Pedro Antonio
Curto, ha sido impresa con papel
ahuesado, de 80 gramos. Se ha uti-
lizado la tipografía Garamond Pro.
Se terminó de imprimir en Veprix, en
el mes de diciembre del año 2025.